Unkraut oder Heilkraut

Die andere Seite der meisten
Unkräuter
die dir in deinem Garten
begegnen können

Band I

Uwe Balzereit

2021

Bibliografische Information der Deutschen Nationalbibliothek:
Die Deutsche Nationalbibliothek verzeichnet diese Publikation in der Deutschen Nationalbibliografie; detaillierte bibliografische Daten sind im Internet über http://dnb.dnb.de abrufbar.
TWENTYSIX – Der Self-Publishing-Verlag
Eine Kooperation zwischen der Verlagsgruppe Random House und BoD – Books on Demand
2.Auflage
© 2016-2021 Uwe Balzereit
Cover: Uwe Balzereit
Herstellung und Verlag:
BoD – Books on Demand, Norderstedt

ISBN: 9783740780890

Unkraut oder Heilkraut

Die andere Seite der meisten
Unkräuter
die dir in deinem Garten
begegnen können

Jeder von uns kennt das leidliche
Übel im Garten.
Man gräbt, man hackt und befreit
das Beet von allerlei Unkräutern.
Wenige Tage nach der Aussaat, ob
Möhre oder Erbse, da macht sich
etwas anderes breit im Beet. Wer
kennt das nicht?
UNKRAUT!
Aber halt, was ist denn Unkraut,
was bedeutet der Begriff.
Viele Lexika oder Rechtschrei-
bungen definieren den Begriff in
etwa so:

Als Unkraut bezeichnet man die
Pflanzen die zwischen den Kultur-
beständen, also wie die besagt
Erbse oder Möhre, die nicht das
Ziel des Anbaus sind und durch
viele Ursachen in den Boden
gelangen.
Doch, sind das nur unnütze Pflanzen, die unsere Kulturpflanzen
stören und negativ beeinflussen?
Zu einem Ja und Nein, denn nicht
alle sind einfach nur Störenfriede.
Eins ist sicher, Niemand mag
Brennnessel zwischen den Erbsen
oder Möhren oder zischen den
Erdbeeren. Allerdings sind viele
Unkräuter wie auch die Brennnessel durchaus nicht unnütz. Sie
ist sogar sehr vielseitig.

Aber ich möchte nicht Vorweg greifen. Auch soll dies hier kein botanisches Lexikon oder ein Lehrbuch sein. Nein. Dieses Büchlein soll ein kleiner Begleiter werden durch euren Garten oder auf der Wanderung durch unsere schöne Natur.

Vielleicht findet ihr das eine oder andere Kraut wieder und, probiert einfach mal, was es kann. Natürlich kann man viele diese Kräuter auch schon fertig getrocknet oder als Tinktur kaufen, nur zu, auch hier kann man testen was diese tollen Pflanzen bewirken können. Allerdings wäre es doch auch einmal schön, zu erleben, dass man das doch so böse Unkraut aus den eigenen Beeten geerntet hat und daraus einen schmackhaften Tee oder auch etwas gegen die Erkältung tun kann. **Durchaus sei bemerkt, dass diese Kräuter keinen Arztbesuch ersetzen.** Aber einige der feinen Kräuter sind durchaus in der Lage den Weg zu Genesung zu beschleunigen.

So, nun raus mit euch in den Garten, in die Natur.

Die Brennnessel

Fast jeder von uns kennt sie, diese fiese Pflanze, egal wie man sie berührt dann brennt es auch schon und es bilden sich kleine Pusteln. So etwas hat überhaupt nichts zu suchen zwischen unserem Gemüse. Also Handschuhe an und schnell ist die Pflanze heraus gerissen und wandert auf den Kompost.
Endlich wieder ein sauberes Beet. Heute jedoch werfen wir die Pflanze nicht weg, sondern wir machen uns einen schmackhaften Tee.

Die große Brennnessel kann bis zu
1,5 Meter hochwachsen. Die kleine
Brennnessel wird nur bis zu 45
Zentimeter hoch und jede Pflanze
hat sowohl weibliche als auch
männliche Blüten. Zahlreiche
Brennhaare befinden sich an Stängel und Blättern. Bei der Berüh-
rung knicken die feinen Härchen
ab und setzen so Aminosäuren
und andere Stoffe frei, die dafür
sorgen das es zu dem Brennen und
der Bildung von Pusteln kommt.
Junge Blätter und Triebe sind noch
ohne Brennhaare. Sie können als
nährstoffreiches Gemüse oder
Salat verzehrt werden. Medizi-
nische Verwendung finden über-
wiegend Blätter oder Wurzeln.

Deutscher Name: Brennnessel
Botanischer Name: Urtica dioica
Familie: Brennnesselgewächse
Blütezeit: zwischen Juli und Oktober
Herkunft: Die große Brennnessel
kommt auf der ganzen Welt in
gemäßigten Zonen vor. Sie verbreitet sich sehr schnell und steht an

Wegrändern, auf Schuttplätzen, an Zäunen und in Gärten.

Anwendungsgebiete von Brennnessel

Ein durchaus schmackhafter Tee kann lindernd wirken bei:
Rheumatische Beschwerden
Entzündliche Gelenkerkrankungen
Entzündliche Erkrankung der ableitenden Harnwege.

**Extrakte aus Brennnessel-
wurzel:**

Innerlich:
Zur Durchspülung bei entzündlichen Erkrankungen der ableitenden Harnwege, auch zur
Behandlung und Vorbeugung von
Nierengrieß. Dabei auf ausreichende Flüssigkeitszufuhr achten.
Nicht bei Erkrankungen
anwenden, bei denen eine erhöhte
Flüssigkeitszufuhr vermieden
werden sollte. Die Brennnessel
enthält viele verbreitet vorkom-
mende Verbindungen. Die ober-
irdischen Pflanzenteile sind reich
an Mineralsalzen, lösliche Kieselsäure, Aminosäuren, Vitaminen,
Carotinoiden und Flavonoiden.

Die antirheumatische Wirkung
wird auf Caffeoyläpfelsäure
zurückgeführt, die entzündungs-
hemmende Eigenschaften besitzt.
Diese Substanz kommt nur in der
Großen Brennnessel vor.

Kosmetik:
Tinkturen äußerlich als Haar-
wasser zur Pflege der Kopfhaut bei
fettigem Haar und Schuppen.
Dosierung und Anwendung von
Brennnessel
Tee:
Kraut: 3 bis 4 Teelöffel (etwa 4
Gramm) fein geschnittenes Kraut
werden mit 150 Milliliter sie-
dendem Wasser übergossen und
nach 10 Minuten Ziehen abgeseiht.
Tagesdosis: 8-12 Gramm Droge.

Wurzel: 1 Teelöffel zerkleinerte
Brennnesselwurzel werden mit
kaltem Wasser angesetzt, etwa 1
Minute zum Sieden erhitzt und
nach 10 Minuten abgeseiht.
Tagesdosis: 4-6 Gramm Droge.

Äußere Anwendung:
Tinktur/Spiritus (1:10)

Wirkungen
Brennnesselblätter enthalten zu
ein bis zwei Prozent Flavonoide
wie Rutin, daneben organische
Säuren wie Kaffeoyläpfelsäure,
ätherisches Öl, die Vitamine C, B,
und K und Steroide. Ferner
Mineralien wie Kalium, Kalzium
und Kieselsäure. Sowie findet sich

in den Brennhaaren eine Vielzahl
von Stoffen wie: Serotonin, Acetyl-
cholin und Scopoletin.

Brennnesselfrüchte beinhalten
fettes Öl, das einen hohen Anteil
an Linolsäure hat, Vitamin E sowie
Carotinoide.

Brennnesselblätterextrakt wirkt
leicht Wassertreibend, erhöht also
die Harnausscheidung. Daher hilft
Brennnessel zur Durchspülung bei
leichten entzündlichen Erkrankungen der ableitenden Harnwege,
wirkt vorbeugend gegen Nierengrieß sowie unterstützend bei
rheumatischen Beschwerden.

Brennnesselkraut:
Auf eine ausreichende Flüssigkeitszufuhr achten.
Nicht anwenden bei Ödemen, die
durch Herzschwäche oder Nieren-
funktionsstörungen bedingt sind.

Eine Anwendung bei Diabetes ist
nicht zu empfehlen und wird
abgeraten. (Diabetes)!

Brennnessel kann bei empfind-
lichen Personen zu Überempfind-
lichkeitsreaktionen oder Magen-
beschwerden führen.

Bei Prostatabeschwerden sowie
entzündlichen rheumatischen
Erkrankungen hilft Brennnessel
nur bei leichteren Verlaufsformen.

Auch hier gilt, immer erst den Arzt konsultieren bzw. auch befragen.

Giersch

Kaum eine Pflanze ist ein Indikator für den herannahenden Frühling.

Giersch gehört zu den Doldenblütlern und gehört damit auch zur Familie der Gemüse- und Würzpflanzen, wie Möhre, Pastinake, Kümmel, Petersilie und Dill.

Giersch ist reich an Vitamine, Mineralstoffe und Spurenele-mente. So ist er dem mineralstoff-reichen Grünkohl weit überlegen, er besitzt bis zu Dreizehnmal mehr Mineralstoffe. Genauso ist der Vitamin-C-Gehalt viermal höher als in Zitronen!

Das gesamte oberirdische Kraut eignet sich für die Zubereitung verschiedenster Speisen. Die

milden und sehr wohlschmeckenden Blätter können für Salate,
suppen, sogar als Spinatersatz,
Beilagen und Füllungen verwendet
werden. Geerntet werden die kleinen zarten jungen Blätter, die Blätter nach der Blüte können fest und
fasrig sein.
An heißen Sommertagen kannst
du den Giersch auch für eine
leckere Limonade verwenden.
Viele Gärtner mögen Giersch
nicht, wegen seiner schnellen Aus-
breitung. Abhilfe schafft hier einfach ein kleiner „Zaun" Busch-
bohnen. Giersch mag Bohnen
nicht und so hält man dieses viel-
seitige Kraut im Zaum.
Als Tee hilft Giersch bei Blasen-
entzündung und Schnupfen,

außerdem besitzt er die Fähigkeit, schädliche Stoffe aus dem Körper auszuschwemmen. Eine äußere Behandlung bei Gicht, Hexenschuss, Ischiasschmerzen und Rheuma wird durch Einnahme des Tees begleitet. Man gießt auf ca 2 Esslöffel Kraut 250ml kochendes Wasser. Nach 10min abkippen und anwenden. Als Badezusatz wirkt Giersch ähnlich und auch gegen schmerzende Füße hilft hier ein Aufguss als Fußbad.
Eine andere Anwendung von Giersch ist der, als Dünger. Durch den hohen Gehalt an Kalium hilft er gut zur Unterstützung im Garten, wie Kartoffeln, Gurken, Tomaten, Paprika.

Zusammen mit Brenneselgrün, Schachtelhalm und Giersch wird 1kg Grünschnitt in 200l Wasser angesetzt. Nach ca. 2 Wochen. Hat man einen guten Flüssigdünger der auch unterstützenden gegen Spargelfliege und Braunfäule wirken kann. Aber Achtung! Dieser Sud ist sehr geruchsintensiv!

Vogelmiere

Vogelmiere wächst ähnlich einem Bodendecker. Flächenartig verbreite sie sich und ärgert den einen oder andern Gartenfreund. Wenn auch sie nicht so gern gesehen ist, verdient sie nicht den schlechten Ruf. Vogelmiere ist sogar gut für den Boden. Außerdem ist diese unscheinbare Pflanze dazu auch noch sehr schmackhaft.

Steckbrief:

Lateinischer Name: Stellaria media

Bekannt auch unter folgenden Bezeichnungen: Sternenkraut Vogel-Sternmiere Hühnerabbiss, Hühnerdarm, Kanarienvögelkraut, Mäusedarm

Familie: Nelkengewächse (Caryophyllaceae)

Erntemonate:

Ganzjährig

Verwendbare Pflanzenteile: Blätter, Blüten, Knospen, Samen, Triebe

Blütenfarbe: weiß

Fundorte:
Ackerflächen, Gärten, Wegränder,
Schuttplätze

Verwechslungsgefahr   mit dem
schwach giftigen Ackergauchheil
Giftigkeit: ungiftig

Besondere Inhaltsstoffe:
Aucubin, Carotinoide, Eisen, Fla-
vonoide, Gamma-Linolensäure,
Kalium, Kalzium, Kieselsäure,
Magnesium, Saponine, Schleim-
stoffe, Selen, Vitamin A, Vitamin
B, Vitamin C
Eigenschaften:
Anregend, blutbildend, blutreini-
gend, blutstillend, entzündungs-
hemmend, harntreibend, kräfti-
gend, krampflösend, kühlend, reiz-

mildernd, schleimlösend,
schmerzstillend.

Lindert Beschwerden wie:
Appetitlosigkeit, Asthma, Augen-
entzündung, Ekzeme, Geschwüre,
Gicht, Grauer Star, Hautentzün-
dungen, Hautprobleme, hohe
Cholesterinwerte, Husten, Insek-
tenstiche, Leberschwäche,
Lungenentzündungen, Rheuma,
Schuppenflechte, Verbrennungen,
Wunden.

Vogelmiere wächst durchaus das
ganze Jahr, dieses wohlschme-
ckende Kraut hat mehr in sich, als
man es vermuten möchte.

Nicht nur zu einem Salat passt,
Vogelmiere, sondern ist auch ein
tolles vielseitiges Heilkraut.

Selbst in lauen Wintern kann man es in Wettergeschützen ecken ernten.

Vogelmiere besitzt ein vielfaches an Kalzium Magnesium und Eisen wie zum Beispiel Kopfsalat.

Vogelmiere schmeckt sehr mild. Im Quark oder als Spinatersatz sogar als Pesto ist Vogelmiere ein Erlebnis.

Aber auch unsere Haustiere erfreuen sich an der Vogelmiere. Bei nächsten mal, wenn die Hacke angesetzt wird, immer daran denken. Vogelmiere ist ein Gewinn und kein nervendes Unkraut.

Das Gänseblümchen

Vom Lateinischen in das Deutsche übersetzt, heißt die kleine Pflanze dann: ewig schön. Diese kleinen Blüten, die fast das ganze Jahr schön anzusehen sind, findet man überall. Gänseblümchen sind sehr widerstandsfähig und sind auch kurz nach dem Rasenschnitt wieder sichtbar.

Steckbrief:

Lateinischer Name: Bellis perennis
Andere Namen:
Es gibt unendlich viele Namen für
das Gänseblümchen: Angerblea-
merl – Augenblümchen, Anger-
blümlein, Kindsblümle, Gänselie-
schen, Himmelsblume, Marien-
blümchen, Maßliebchen, Mond-
scheinblume, Regenblume, Tau-
sendschön
Familie   Korbblütler (Asteraceae)
Erntemonate   ganzjährig
Verwendbare Pflanzenteile   Blätter, Blüten, Samen
Blattform: spatelig
Blütenfarbe: gelb, rosa, weiß

Fundorte: kurze Wiesen, Weg-
ränder, Rasen
Verwechslungsgefahr: Keine
bekannt
Giftigkeit: Ungiftig
Besondere Inhaltsstoffe :
Ätherische Öle, Bitterstoffe, Eisen,
Flavonoide, Gerbstoffe, Inulin,
Kalium, Kalzium, Magnesium,
Saponine, Schleimstoffe, Vitamin
A, Vitamin C, Vitamin

Eigenschaften:
Blutreinigend, krampflösend,
schleimlösend, schmerzstillend,
stoffwechselanregend, verdau-
ungsanregend.
Hilft bei   Arterienverkalkung,
Bronchitis, Ekzeme, Erkältungen,
Fieber, Frühjahrsmüdigkeit, Gebär-

mutterprobleme, Hämorrhoiden, Hautentzündungen, Hautprobleme, Husten, Insektenstiche, Leberschwäche, Lippenherpes, Pickel, Wunden, Zahnfleischentzündungen.

Anwendungen

Vor dem Rasenmähen einfach mal die kleinen Blüten ernten. Denn man kann sie wirklich vielseitig nutzen. Man kann sie essen, als Heilkraut oder auch zu Deko in der Vase oder Blumenkränze. Einst war das Gänseblümchen eine wahre Kinderblume. Denn es wurden Kränze gebunden, oder der Mutti oder der Oma kleine Sträuße gepflückt oder es wurden die kleinen weißen Blütenblätter abgezupft, um zu erfahren, ob die erhoffte neue Liebe einen wirklich liebt.

Ernährung:

Diese Blume mit viel Vitamin C, Magnesium, Eisen und anderen wertvollen Inhaltsstoffen eignet sich sowohl für herzhafte als auch süße Rezepte. So kann man die Blüten und Blätter für einen Salat verwenden oder gar in der Kartoffelsuppe auch zu Gemüsegerichten hinzufügen. Auch im frischen Quark ist das Gänseblümchen schmackhaft. Einfach auf das frische Brot, kleingehackt oder eben herzhafter angedünstet in Olivenöl oder Butter und über den Salat gegeben ist eine tolle Ergänzung.

Die kleinen Blüten und Knospen
eignen sich auch zu Herstellung
von leckeren Gelee oder als Zusatz
im Dessert sowie zum Backen.
Nur als Brotaufstrich, sondern
auch als gesunde, fruchtige Bei-
gabe für Desserts, Brei oder Müsli.

Zutaten für ein Gänseblümchen-
gelee:

2 Handvoll Gänseblümchen
1 Liter Apfelsaft
Saft einer Zitrone
Geliermittel deiner Wahl

Verarbeitung:

Gänseblümchen in einem Gefäß
mit Apfelsaft übergießen. Mit
einem Tuch abdecken und ca.
sechs Stunden ziehen lassen.
Danach den Sud abseien.
Mit etwas Zitronensaft und
Süßungsmittel, je nach Wunsch
aufkochen und nach Anleitung
Gelatine dazu geben, oder Gelier-
zucker und heiß in Gläser ein-
füllen und verschrauben.

In früheren Zeiten wurden dem
Gänseblümchen magische Kräfte
zugesprochen. Denn das was als
Magier bezeichnet wurde, ist die
ausgezeichnete Heilwirkung, die
das Gänseblümchen hat. So kann

man es einfach pur essen oder
einen Tee davon Bereiten. Gänseblümchen wirkt lindernd bei:
Äußerlich aufgetragen als Sud:
Akne, Lippenherpes, blauen Fle-
cken und zur Wundheilung.
Auf die Psyche hat es eine aufhei-
ternde und stärkende Wirkung.
Als Badezusatz ist das Gänseblümchen auch verwendbar. Die Blätter
und Stiele helfen, zerrieben aufgetragen, bei Juckreiz von Insek-
tenstichen.

Als Tee: kann das Gänseblümchen
lindernd wirken bei:
Husten, Fieber, Verschleimung von
Atemwegen, Leberbeschwerden,
bei Entzündungen im Beckenbe-
reich, vor allem der Gebärmutter,

und nach der Geburt getrunken. In
England wird er vielfach als unter-
stützendes Heilmittel bei Arterienverkalkung gebraucht.

Zubereitung:

Zwei Teelöffel Blüten mit 250 ml
kochendem Wasser übergießen
und zehn Minuten ziehen
gelassen.
Dem Gänseblümchentee wird
außerdem eine schleimlösende,
krampf- und schmerzstillende,
blutreinigende sowie verdauungs-
und stoffwechselanregende Wirkung nachgesagt.

Löwenzahn

Die klassische Pusteblume, jedoch besser bekannt unter Löwenzahn, ist nicht nur Tierfutter und schön an zusehen. Es ist außerdem eine tolle Ergänzung zu deinem Speiseplan.

Man kann alles von der Pflanze verwenden. Das ganze ist so breitbandig, von der Unterstützung zum Abnehmen bis hin als

Muntermacher oder eben als einfacher Geschmacksverstärker zu deinen Speisen.

Steckbrief

Lateinischer Name   Taraxacum officinale

Andere Namen:
Echter Löwenzahn, Gemeiner Löwenzahn, Gebräuchliche Kuhblume, Gemeine Kuhblume, Butterblume, Pusteblume, Bettseicher, Pfaffenröhrlein, Sonnenwirbel, Mönchskopf und viele mehr.

Familie :
Korbblütler (Asteraceae)

Erntemonate :
Mrz-Okt

Verwendbare Pflanzenteile:

Blätter, Blüten, Knospen, Wurzeln
Blattform:
Schrotsägeförmig
Blütenfarbe:
Gelb
Fundorte:
Wiesen, Äcker, Wegränder, Lichtungen.
Verwechslungsgefahr:
Gewöhnliches Ferkelkraut, Milchkraut (Schaftlöwenzahn, Leontodon) sind leicht dank ihrer soliden Stängel zu unterscheiden.
Giftigkeit:
Ungiftig
Hinweise zur Giftigkeit:
Oft wird vor dem Milchsaft in den Stängeln der Löwenzahnblüte gewarnt. Gerade bei älteren Pflanzen enthält der weiße Saft ver-

stärkt Bitterstoffe, Harze und Triterpene. Beim Verzehr größerer Mengen können sie zu Magen-Darm-Beschwerden führen.

Besondere Inhaltsstoffe:
Bitterstoffe, Cholin, Inulin, Kalium, Magnesium, Phosphor, Vitamin A, Vitamin B2, Vitamin C

Eigenschaften:
Abführend, harntreibend.

Hilft bei:
Allergien, Appetitlosigkeit, Arteriosklerose, Bronchitis, Ekzeme, Fieber, Frühjahrsmüdigkeit, Gallenschwäche, Gallensteine, Gelenkerkrankungen, Gicht, Hämorrhoiden, Hautleiden, Hühneraugen, Husten, Kopfschmerzen, Leberschwäche, Magenschwäche, Nierensteine,

Pickel, Rheuma, Verstopfung, Warzen, Wassersucht, Wechseljahrbeschwerden

Ob als Salat oder als Suppe ist der Löwenzahn bei vielen schon ein fester Bestandteil in der Küche. Löwenzahn ist reich an Vitamin C, Provitamin A.

Rezept für eine Löwenzahnsuppe:

Eine halbe Zwiebel würfeln und in Öl leicht anbraten. 2-3 Handvoll Löwenzahnblätter hinzugeben und unter Rühren kurz mit erhitzen. Nach Geschmack Lauch, Tomaten, Karotten oder andere Wildpflanzen dazugeben, kurz mitdünsten

lassen und dann mit Wasser auf-
füllen.
Die Suppe für 20-30 Minuten bei
niedriger Hitze köcheln lassen.
Mit einem Pürierstab oder Mixer
pürieren.
 Mit Salz und Pfeffer abschme-
cken.

Löwenzahnsirup:

Löwenzahn-Sirup ist eine leckere
Alternative zu herkömmlichem
Honig. Leider enthalten viele
Rezepte sehr viel Industriezucker.
Dieses Rezept kommt ohne viel
Industriezucker aus. In Zeiten des
Mangels wurde immer wieder auf
verschiedene heimische Pflanzen

zurückgegriffen, um Kaffee-
Bohnen zu ersetzten. Als Mucke-
fuck (aus dem Französischen ein-
gedeutscht: Mocca faux – falscher
Kaffee) bezeichnet man schwa-
chen Kaffee, der entweder
gestreckt ist oder mit Ersatzmit-
teln wie z.B. Getreide, Eicheln oder
Zichorienwurzeln hergestellt wird.
Auch aus Löwenzahnwurzeln lässt
sich ein milder Kaffee brühen,
dessen Geschmack allerdings
etwas gewöhnungsbedürftig ist.
Zur Herstellung brauchst du die
länglichen Wurzeln des Löwenzahns. Wie du sie zur heimischen
Kaffeealternative verarbeitest, ist
hier beschrieben.
Im Herbst enthalten Löwenzahnwurzeln weniger Bitterstoffe, und

du kannst sie wie anderes Wurzel-
gemüse verwenden.

Heilende Anwendungen des Löwenzahns:

Ein Aufguss oder Sud aus Löwen-
zahnblättern wird traditionell
gegen Frühjahrsmüdigkeit und
leichte Kopfschmerzen eingesetzt.
Seine anregende Wirkung auf die
Verdauungsorgane und den
gesamten Stoffwechselprozess
macht Löwenzahntee aber auch zu
einem idealen Fastenbegleiter.

Das Franzosenkraut

Das Knopfkraut oder eben Franzosenkraut ist eher unscheinbar aber sehr vermehrungsfreudig. Es stammt ursprünglich aus Südamerika, ist inzwischen jedoch weltweit anzutreffen. Bei uns breitete es sich zu Zeiten der Napoleonischen Kriege aus, weshalb das Kraut weitläufig als Franzosenkraut bekannt ist.

Steckbrief

Lateinischer Name   Galinsoga
Andere Namen:
Zottiges Knopfkraut, Gallantsol-
dier
Familie: Korbblütler (Asteraceae)
Erntemonate: Mai-Nov

Verwendbare Pflanzenteile:
Blätter, Blüten, Samen, Triebe

Blütenfarbe: Gelb, weiß.
Fundorte: Ackerflächen, Gärten,
Wegränder, Schuttplätze
Giftigkeit: ungiftig

Besondere Inhaltsstoffe:

Eisen, Eiweiß, Kalium, Kalzium, Magnesium, Mangan, Phosphor, Schleimstoffe, Vitamin A, Vitamin C.

Eigenschaften:
Blutdruckregulierend, blutreinigend, kräftigend.

Hilft bei:
Anämie, Bluthochdruck, Krebs, Leberschwäche, Magen-Darm-beschwerden

Anwendungen:
Es gibt behaartes und unbehaartes Knopfkraut, beide werden in gleicher Weise verwendet. Franzosenkraut ist fast überall anzutreffen. Obwohl es bei Gärtnern und Bauern nicht unbedingt

beliebt ist, ist es dennoch besser
als sein Ruf. Die Bandbreite, in der
Franzosenkraut einsetzbar ist
schier unendlich.
Franzosenkraut hat einen sehr
hohen Eisengehalt, außerdem ent-
hält es Kalzium, Magnesium,
Mangan, Vitamin C und Vitamin
A.
Also, besser ernten als ärgern!
Zudem mögen viele Vögel, Nage-
tiere und auch Bienen Franzosen-
kraut.
In der Ernährung

Franzosenkraut lässt sich unheim-
lich vielfältig verwenden:

Als Salatgrundlage
Im Smoothie
Für Pesto
Als Spinat
Im Gemüse
Getrocknet als Gewürz.

Die Pflanzen sind sehr vital und
enthalten viel Eiweiß. Von diesem
wohlschmeckenden, milden Kraut
wird das gesamte oberirdische
Grün mit den Blüten geerntet.
Später im Jahr werden die unteren
Stängel und Blätter faserig, dann
solltest du nur noch die oberen
Triebspitzen abzwacken.

Ein leckeres Rezept für einen
herbstlichen Salat mit Franzosenkraut findest du hier.

Die Samen können auch gesam-
melt und zu Öl gepresst oder als
Keimsaat verwendet werden.

Heilende Anwendungen:

Tee
Bei Magen-Darm-Beschwerden,
Leberschmerzen, hohem Blut-
druck und Anämie kann ein Tee
aus Franzosenkraut helfen. Dazu
wird ein Esslöffel der frischen oder
getrockneten Blüten und Blätter
mit 250 ml kochendem Wasser
aufgegossen und nach zehn Minuten abgeseiht.

Der Tee und auch frisches Kraut
können helfen, einem Eisenmangel
vorzubeugen.
Franzosenkraut ist ein super
Dünger. Einfach ausreißen und auf
den Boden legen.

Diese war nur ein ganz kleiner
Exkurs durch die Kräuterwelt, die
allerdings jetzt schon zeigt, was
alles essbar ist und, vor allen
Dingen wie hilfreich die bis dato
vorverurteilten Unkräuter sind.
Öffne die Augen und du wirst
bemerken. Es gibt mehr, als du
denkst.
Probiere einfach mal aus und las
dich verwöhnen mit den neuen
Eindrücken.
Noch mehr Kräuter findest du in
dem nächsten Wegweiser.

Allessia und ihre
fantastischen
Träume
Band I
Uwe Balzereit
2021

Allessia ist 12 Jahre alt und verbringt die meiste Zeit alleine. Sie ist anders als die anderen. Darunter muss sie sehr leiden. Sie verbringt die meiste Zeit mit Ihrer Oma. Eines Tages als Alessia in die Bibliothek geschickt wird, bringt sie ein geheimnisvolles Buch mit nach Hause. In diesem befindet sich allerdings kaum etwas Geschriebenes. Jedes Kapitel beinhaltet nur wenige Zeilen. Es ist die Aufgabe von Alessia, diese Geschichten zu einem Ende zu bringen.

Herausgeber: TWENTYSIX; 1. Edition (21. Januar 2021)
Sprache: Deutsch
Taschenbuch: 58 Seiten
ISBN-10 : 3740779942
ISBN-13 : 978-3740779948
Lesealter : ab 11 Jahre
Abmessungen : 12.7 x 0.36 x 20.32 cm

Magierbund Band I bis III

Taschenbuch: 228 Seiten
Verlag: TWENTYSIX; Auflage: 1 (6. Oktober 2017)
Sprache: Deutsch
ISBN-10: 3740732830
ISBN-13: 978-3740732837

Klappentext
Adam, der bis dato ohne Sorgen aufwuchs und das Leben leicht nimmt, muss sich der Verantwortung stellen. Dass er in der Lage ist, Magie zu weben, verunsichert ihn zunächst. Doch mit Emiliana als Behüterin an seiner Seite begibt er sich auf eine ungewisse Reise zu großen Abenteuern voller Missgunst, Krieg und Leid, aber eben auch der wahren Liebe...

Uwe Balzereit

Magierbund

DIE FESTUNG DER FLÜCHE - 2. BAND

**Die Festung der Flüche
(Magierbund Band II)**
Produktinformationen
Taschenbuch: 324 Seiten
Verlag: TWENTYSIX; Auflage: 3 (21. Dezember 2017)
Sprache: Deutsch
ISBN-10: 3740732733
ISBN-13: 978-3740732738
 Klappentext
Einst lebte Adam sorgenfrei in den Tag hinein. Wohlbehütet von Mutter und Vater kümmerte er sich um nichts außer sich selbst. Heute, nachdem er alles hinter sich gelassen hat, führt er eine Truppe Soldaten und Elfen an. Sogar Könige verneigen sich vor ihm, denn er kann Magie weben, eine Kraft, die er sich niemals hätte vorstellen können. Doch das Wichtigste in seinem Leben ist die kluge und wunderschöne Emiliana. Sie vertraut ihm

bedingungslos und weiß, welcher der rechte Weg ist...

**Grywald
(Magierbund Band III)**
Produktinformationen
Taschenbuch: 392 Seiten
Verlag: TWENTYSIX; Auflage: 2 (8. Oktober 2018)
Sprache: Deutsch
ISBN-10: 3740745894
ISBN-13: 978-3740745899
Klappentext
Das Land hat sich gewandelt, so wie die Zeit. Alles hat sich verändert in Arida, nur die Festung der Flüche scheint von alledem unberührt zu bleiben. Und hier beginnt die Geschichte von Luana und Dylan: „Kinder von Emiliana und Adam". Sie wurden mit magischen Fähigkeiten geboren, wie kein anderer in Arida. Sie müssen sich der dunklen Macht von Zoria stellen, um die Existenz aller Welten zu bewahren. Komm mit auf eine Reise voller Magie und triff neue und bekannte Gesichter.